Hanna
Die Freihei

In diesem erstmals veröffentlichten Essay zeichnet Hannah Arendt die historische Entwicklung des Freiheitsbegriffs nach. Was ist Freiheit, was bedeutet sie uns? Und: Haben wir sie einfach, oder wer gibt sie uns, und kann man sie uns auch wieder wegnehmen?

Arendt berücksichtigt dafür insbesondere die Revolutionen in Frankreich und Amerika. Während die eine in eine Katastrophe mündete und zu einem Wendepunkt der Geschichte wurde, war die andere ein triumphaler Erfolg und blieb doch eine lokale Angelegenheit. Aber warum?

Hannah Arendt war eine der signifikanten politischen Denkerinnen des 20. Jahrhunderts. 1906 in Hannover geboren, emigrierte sie 1933 zunächst nach Paris, 1941 dann mit ihrem Mann nach New York. Bis sie 1957 die amerikanische Staatsbürgerschaft erhielt, war sie staatenlos. Arendt war Professorin an der University of Chicago und lehrte danach an der New School for Social Research in New York. Dort starb sie 1975.

Andreas Wirthensohn, geboren 1967, lebt als Übersetzer, Lektor und Literaturkritiker in München. Er hat u. a. Werke von Michael Hardt/Antonio Negri, Timothy Snyder und Yuval Harari ins Deutsche übertragen.

Thomas Meyer, geboren 1966, lehrt Philosophie an der LMU München. Er hat zahlreiche Werke zur modernen jüdischen Philosophie verfasst und herausgegeben.

Hannah Arendt

DIE FREIHEIT, FREI ZU SEIN

Aus dem amerikanischen Englisch
von Andreas Wirthensohn

Mit einem Nachwort
von Thomas Meyer

dtv

Die Freiheit, frei zu sein

Mein Thema heute ist, so fürchte ich, fast schon beschämend aktuell. Revolutionen sind inzwischen alltägliche Ereignisse, denn mit der Beendigung des Imperialismus haben sich viele Völker erhoben, um »unter den Mächten der Erde den selbstständigen und gleichen Rang einzunehmen, zu dem die Gesetze der Natur und ihres Schöpfers es berechtigen«. So, wie zu den dauerhaftesten Folgen der imperialistischen Expansion der Export der Idee vom Nationalstaat noch in den hintersten Winkel dieser Welt gehörte, so führte das Ende des Imperialismus unter dem Druck des Nationalismus dazu, dass sich die Idee der Revolution über den gesamten Erdball ausbreitete.

All diese Revolutionen, mag ihre Rhetorik auch noch so gewaltsam antiwestlich sein, stehen im Zeichen traditioneller westlicher Revolutionen. Der heutigen Situation ging eine ganze Reihe von Revolutionen nach dem Ersten Weltkrieg in Europa selbst voraus. Seither – und noch markanter seit dem Zweiten Weltkrieg – scheint nichts gewisser, als dass es nach einer Niederlage in einem Krieg zwischen den verbliebenen Mächten – natürlich nur, wenn es sich nicht um eine völlige Vernichtung handelt – zu einer revolutionären Veränderung der Regierungsform (im Unterschied zu einem Regierungswechsel) kommen wird. Allerdings sei darauf verwiesen, dass Kriege, schon bevor technologische Entwicklungen kriegerische Auseinandersetzungen zwischen den Großmächten buchstäblich zu einem Kampf auf Leben und Tod gemacht haben, politisch gesehen zu einer Frage von Leben und Tod wurden. Das war beileibe keine Selbstverständlichkeit, sondern zeigt an, dass die Protagonisten zwischenstaatlicher Kriege nunmehr so agierten, als seien sie an Bürgerkriegen beteiligt. Und die kleinen Kriege der letzten zwanzig Jahre – Korea, Algerien, Vietnam – waren eindeutig Bürgerkriege, in welche die Großmächte hineingezogen wurden, weil eine Revolution entweder ihre Herrschaft bedrohte oder für ein gefährliches Machtvakuum gesorgt hatte. In diesen Fällen war es nicht mehr der Krieg, der eine Revolution herbeiführte; die Initiative war vom Krieg auf die Revolution übergegangen, auf die in einigen – aber beileibe nicht allen – Fällen ein militärisches Eingreifen folgte. Es ist, als befänden wir uns plötzlich wieder im 18. Jahrhundert, als der Amerikanischen Revolution ein Krieg gegen England und der Französischen Revolution ein Krieg gegen die verbündeten Monarchien Europas folgte.

Und wieder wirken militärische Interventionen trotz der völlig andersgearteten Umstände – technologisch, aber auch sonst – relativ hilflos gegenüber dem Phänomen. In den letzten zweihundert Jahren haben zahlreiche Revolutionen ein schlimmes Ende genommen, aber nur wenige wurden dadurch zerschlagen, dass überlegene Gewaltmittel zum Einsatz kamen. Umgekehrt haben sich Militärinterventionen, selbst wenn sie erfolgreich waren, oft als bemerkenswert wirkungslos erwiesen, wenn es darum ging, wieder für Stabilität zu sorgen und das Machtvakuum zu füllen. Selbst ein Sieg, so scheint es, ist nicht in der Lage, Stabilität an die Stelle von Chaos, Integrität an die Stelle von Korruption, Autorität und Vertrauen in die Regierung an die Stelle von Verfall und Auflösung zu setzen.

Eine Restauration, Folge einer unterbrochenen Revolution, sorgt in der Regel für wenig mehr als einen dünnen und sichtlich provisorischen Deckmantel, unter dem die Auflösungsprozesse ungehindert weitergehen. Andererseits aber wohnt bewusst gebildeten neuen politischen Körperschaften ein enormes Potenzial für künftige Stabilität inne, wie beispielhaft die amerikanische Republik zeigt; das Hauptproblem besteht natürlich darin, dass erfolgreiche Revolutionen so selten sind. Selbst in der heutigen Welt, in der, im Guten wie im Schlechten, Revolutionen zu den bedeutsamsten und häufigsten Ereignissen geworden sind – und das wird in den kommenden Jahrzehnten höchstwahrscheinlich so weitergehen –, wäre es nicht nur klüger, sondern auch angemessener, wenn wir nicht dauernd damit prahlen würden, dass wir das mächtigste Land auf Erden sind, sondern wenn wir sagen, dass wir seit der Gründung unserer Republik ein außergewöhnliches Maß an Stabilität genossen haben und dass diese Stabilität unmittelbare Folge der Revolution war. Denn weil sich der Wettstreit zwischen den Großmächten nicht mehr durch einen Krieg entscheiden lässt, wird er sich langfristig daran entscheiden, welche Seite besser begreift, was Revolutionen sind und was dabei auf dem Spiel steht.

Ich glaube, es ist – spätestens seit dem Vorfall in der Schweinebucht – niemandem verborgen geblieben, dass die Außenpolitik dieses Landes nicht einmal in Ansätzen eine Ahnung davon hat, wie sie revolutionäre Situationen einschätzen oder die Dynamik revolutionärer Bewegungen beurteilen soll. Zwar wird das Scheitern der Invasion in der Schweinebucht oft mit falschen Informationen oder einem Versagen der Geheimdienste erklärt, doch tatsächlich liegen die Ursachen dafür tiefer. Der Fehler bestand darin, dass man nicht begriffen hat, was es bedeutet, wenn eine verarmte Bevölkerung in einem rückständigen Land, in dem die Korruption das Ausmaß völliger Verdorbenheit erreicht hat, plötzlich befreit wird, nicht von der Armut, sondern von der Undeutlichkeit und damit der Unbegreiflichkeit des eigenen Elends; was es bedeutet, wenn die Leute merken, dass zum ersten Mal offen über ihre Lage debattiert wird, und wenn sie eingeladen sind, sich an dieser Diskussion zu beteiligen; und was es heißt, wenn man sie in ihre Hauptstadt bringt, die sie nie zuvor gesehen haben, und ihnen sagt: Diese Straßen, diese Gebäude, diese Plätze, das gehört alles euch, das ist euer Besitz und damit auch euer Stolz. Das – oder zumindest etwas Ähnliches – geschah zum ersten Mal während der Französischen Revolution.

Kurioserweise war es ein alter Mann aus Ostpreußen, der seine Heimatstadt Königsberg nie verließ, ein Philosoph und Liebhaber der Freiheit, nicht unbedingt bekannt für aufrührerische Gedanken, der das sofort verstanden hat. Immanuel Kant nämlich sagte: »Denn ein solches Phänomen in der Menschengeschichte vergißt sich nicht mehr.« Und tatsächlich wurde es nicht vergessen, sondern spielte im Gegenteil seither eine wichtige Rolle in der Weltgeschichte. Und auch, wenn viele Revolutionen in der Tyrannei endeten, so erinnerte man sich doch immer daran, dass sich, mit den Worten Condorcets, »das Wort revolutionär (...) mithin nur auf Revolutionen anwenden [lässt], die die Freiheit zum Ziel haben«.

Wie jeder andere Begriff unseres politischen Wortschatzes lässt sich auch der der Revolution in generischem Sinne verwenden, ohne dass man dabei die Herkunft des Wortes oder den zeitlichen Moment berücksichtigt, an dem der Terminus erstmals auf ein bestimmtes politisches Phänomen Anwendung fand. Hinter einer solchen Verwendung steht die Annahme, dass das Phänomen, auf das sich der Begriff bezieht, genauso alt ist wie das Menschheitsgedächtnis, ganz gleich, wann und warum der Begriff selbst erstmals auftauchte. Besonders stark ist die Versuchung, das Wort gattungsmäßig zu verwenden, wenn wir von »Kriegen und Revolutionen« sprechen, denn tatsächlich sind Kriege so alt wie die dokumentierte Menschheitsgeschichte. Es dürfte schwer sein, das Wort »Krieg« in anderem als generischem Sinne zu verwenden, allein schon deshalb, weil sich sein erstes Auftauchen weder zeitlich noch räumlich genau feststellen lässt, aber was die wahllose Verwendung des Begriffs »Revolution« angeht, so gibt es eine solche Ausrede nicht.

Vor den beiden großen Revolutionen Ende des 18. Jahrhunderts und dem spezifischen Sinn, den das Wort »Revolution« damals bekam, spielte der Begriff im Vokabular politischen Denkens oder politischer Praxis keine wirkliche Rolle. Wenn der Begriff beispielsweise im 17. Jahrhundert auftaucht, ist er streng mit seiner ursprünglichen astronomischen Bedeutung verbunden, welche die ewige, unausweichliche und immer wiederkehrende Bewegung der Himmelskörper bezeichnete; der politische Gebrauch war metaphorischer Natur und beschrieb eine rückläufige Bewegung zu einem im Vorhinein angenommenen Punkt, ein Zurückschwingen in eine vor-gegebene, prästabilierte Ordnung. Erstmals verwendet wurde das Wort nicht, als das, was wir als Revolution bezeichnen würden, in England ausbrach (und woraus Cromwell als eine Art Diktator hervorging), sondern im Gegenteil im Jahr 1660 anlässlich der Wiedereinführung der Monarchie nach dem Sturz des Rumpfparlaments. Die »Glorreiche Revolution«, das Ereignis, das dem Begriff »Revolution« paradoxerweise seinen Platz im politischen und historischen Sprachgebrauch sicherte, wurde keineswegs als Revolution empfunden, sondern als die Restauration der Königsgewalt in ihrer früheren Rechtmäßigkeit und Herrlichkeit. Die tatsächliche Bedeutung von Revolution vor den Ereignissen Ende des 18. Jahrhunderts zeigt sich vielleicht am deutlichsten in der Inschrift auf dem Großen Siegel Englands von 1651, derzufolge die erste Umwandlung einer Monarchie in eine Republik vor allem eines bedeutete: »Freedom by God's blessing restored.«

Die Tatsache, dass das Wort »Revolution« ursprünglich Restauration bedeutete, ist mehr als nur eine semantische Kuriosität. Selbst die Revolutionen des 18. Jahrhunderts lassen sich nicht begreifen ohne die Erkenntnis, dass Revolutionen erstmals ausbrachen, als Restauration ihr Ziel war, und dass der Inhalt dieser Restauration die Freiheit war. In Amerika seien die Männer der Revolution, mit den Worten von John Adams, »gegen ihre Erwartung berufen und entgegen ihrer Neigung berufen« worden; Gleiches gilt für Frankreich, wo man Tocqueville zufolge anfangs hätte glauben können, »daß das Ziel der bevorstehenden Revolution nicht der Umsturz des Ancien Régime, sondern seine Wiederherstellung« sei. Und als den Akteuren im Verlauf beider Revolutionen bewusst wurde, dass sie sich auf ein gänzlich neues Unterfangen eingelassen hatten und nicht einfach zu irgendetwas Vorangegangenem zurückkehrten, als das Wort »Revolution« folglich seine neue Bedeutung annahm, war es von allen Thomas Paine, der weiter dem Geist einer vergangenen

Epoche verhaftet blieb und die Amerikanische sowie die Französische Revolution allen Ernstes als »Gegenrevolutionen« bezeichnete. Er wollte die außerordentlichen Ereignisse vor dem Verdacht schützen, dass sie einen völligen Neuanfang darstellten, und sie von dem Makel der Gewalt befreien, mit dem diese Ereignisse unvermeidlich behaftet waren.

Wir übersehen gerne, dass die Mentalität dieser ersten Revolutionäre von einer fast instinktiven Abscheu vor dem völlig Neuen geprägt war. Das hat zum Teil damit zu tun, dass wir so sehr gewöhnt sind an die eifrige Beschäftigung der Wissenschaftler und Philosophen der Moderne mit »Dingen, die man nie zuvor gesehen, und Gedanken, die man nie zuvor gedacht hat«. Zum Teil aber auch damit, dass im Verlauf dieser Revolutionen nichts so hervorsticht wie die emphatische Betonung des Neuen, die von Akteuren und Zuschauern gleichermaßen ständig wiederholt wurde, ihr Beharren darauf, dass etwas vergleichbar Bedeutsames und Großartiges noch nie zuvor geschehen sei. Der entscheidende und schwierige Punkt dabei ist, dass das enorme Pathos des neuen Zeitalters, des *Novus Ordo Saeclorum*, das noch heute unsere Dollarscheine ziert, erst in den Vordergrund rückte, als die Akteure zumeist gegen ihren Willen einen »point of no return« erreicht hatten.

Was Ende des 18. Jahrhunderts tatsächlich geschah, war demnach Folgendes: Der Versuch, alte Rechte und

Privilegien wiederherzustellen und wiederzubeleben, mündete in das genaue Gegenteil – in eine nach vorne gerichtete Entwicklung und die Eröffnung einer Zukunft, die allen weiteren Versuchen, in Kategorien einer zirkulären oder »revolvierenden« Bewegung zu handeln oder zu denken, trotzte. Und während der Begriff »Revolution« im Zuge des revolutionären Prozesses eine radikale Veränderung erfuhr, passierte mit dem Wort »Freiheit« etwas ganz Ähnliches, allerdings viel Komplizierteres. Solange damit nichts anderes gemeint war als die Freiheit, die »mit Gottes Segen wiederhergestellt« wurde, blieb das Ganze eine Sache der Rechte und Freiheiten, die wir heute mit einer verfassungsmäßigen Regierung verbinden und die entsprechend als Bürgerrechte bezeichnet werden. Nicht enthalten darin war das politische Recht, sich an öffentlichen Angelegenheiten zu beteiligen. Keines dieser anderen Rechte, nicht einmal das Recht auf Vertretung zum Zwecke der Besteuerung, war theoretisch oder praktisch das Ergebnis einer Revolution. Nicht »Leben, Freiheit und Eigentum« waren revolutionär, sondern die Behauptung, dass es sich dabei um unveräußerliche Rechte aller menschlichen Geschöpfe handele, ganz gleich, wo sie lebten und welche Regierungsform sie hatten. Und selbst in dieser neuen und revolutionären Ausweitung auf die gesamte Menschheit bedeutete Freiheit nicht mehr als die Freiheit von ungerechtfertigten Zwängen, also im Grunde etwas Negatives.

Freiheiten im Sinne von Bürgerrechten sind das Ergebnis von Befreiung, aber sie sind keineswegs der tatsächliche Inhalt von Freiheit, deren Wesenskern der Zugang zum öffentlichen Bereich und die Beteiligung an den Regierungsgeschäften sind. Hätten die Revolutionen lediglich darauf abgezielt, die Bürgerrechte zu sichern, so hätte eine Befreiung von den Regimen genügt, die ihre Befugnisse überschritten und bestehende Rechte verletzt hatten. Und richtig ist, dass die Revolutionen des 18. Jahrhunderts mit der Einforderung dieser alten Rechte begannen. Kompliziert wird es dann, wenn es der Revolution um Befreiung *und* Freiheit geht, und da Befreiung ja tatsächlich eine Bedingung für Freiheit ist – wenngleich Freiheit keineswegs zwangsläufig das Ergebnis von Befreiung ist –, ist es schwer, zu entscheiden, wo der Wunsch nach Befreiung, also frei zu sein von Unterdrückung, endet und der Wunsch nach Freiheit, also ein politisches Leben zu führen, beginnt. Entscheidend ist, dass sich eine Befreiung von Unterdrückung auch unter einer monarchischen (aber nicht tyrannischen) Regierung hätte erreichen lassen, wohingegen die Freiheit einer politischen Lebensweise eine neue, oder besser: wiederentdeckte Regierungsform erforderte. Sie verlangte nach der Verfassung einer Republik. Tatsächlich bestätigen die Fakten nichts deutlicher als Jeffersons rückblickende Behauptung, die »Kämpfe dieser Zeit« seien »prinzipielle Auseinandersetzungen zwischen den Befürwortern einer republikanischen und den Verfechtern einer monarchischen Staatsform«

gewesen. Die Gleichsetzung einer republikanischen Staatsform mit Freiheit und die Überzeugung, die Monarchie sei eine kriminelle Staatsform, die sich für Sklaven eigne – diese Ansicht fand Verbreitung, sobald die Revolutionen begonnen hatten –, hatten im Denken der Revolutionäre selbst keinen Platz gehabt. Doch auch, wenn sie sich eine neuartige Freiheit zum Ziel gesetzt hatten, kann man nur schwerlich behaupten, sie hätten vorab keine Vorstellung davon gehabt. Im Gegenteil, es war eine Passion für diese neue politische Freiheit (die noch nicht mit einer republikanischen Staatsform identisch war), die sie dazu inspirierte und dafür rüstete, eine Revolution anzuzetteln, ohne dass sie genau wussten, was sie da taten.

Keine Revolution, mochte sie ihre Tore auch noch so weit für die Masse und die Geknechteten öffnen – *les malheureux, les misérables, les damnés de la terre*, wie sie in der hochfliegenden Rhetorik der Französischen Revolution hießen –, wurde je von diesen begonnen. Und keine Revolution war jemals das Ergebnis von Verschwörungen, Geheimgesellschaften oder offen revolutionären Parteien. Allgemein gesprochen ist eine Revolution gar nicht möglich, wenn die Autorität des Staatswesens intakt ist, was unter neuzeitlichen Bedingungen heißt: wenn man darauf vertrauen kann, dass die Streitkräfte der staatlichen Obrigkeit gehorchen. Revolutionen sind keine notwendige, sondern eine mögliche Antwort auf den Niedergang eines Regimes, sie sind nicht Ursache, sondern Folge des Verfalls politischer Autorität. Überall dort, wo sich diese Auflösungsprozesse – üblicherweise über einen längeren Zeitraum – ungehindert vollziehen konnten, kann es zu Revolutionen kommen, vorausgesetzt, es gibt eine ausreichend große Bevölkerung, die bereit ist für den Zusammenbruch eines Regimes und gewillt, die Macht zu übernehmen. Revolutionen scheinen in ihrem Anfangsstadium immer mit erstaunlicher Leichtigkeit zu gelingen, und der Grund dafür ist der, dass diejenigen, die angeblich eine Revolution »machen«, die Macht nicht »übernehmen«, sondern sie von der Straße auflesen.

Wenn die Männer der Amerikanischen und Französischen Revolution vor den Ereignissen, die ihr Leben bestimmten, ihre Überzeugungen prägten und sie schließlich entzweiten, etwas gemeinsam hatten, dann war es eine leidenschaftliche Sehnsucht danach, sich an den öffentlichen Angelegenheiten zu beteiligen, und eine nicht minder ausgeprägte Abneigung gegen die Heuchelei und Dummheit einer »guten Gesellschaft« – hinzu kamen noch eine Rastlosigkeit und eine mehr oder weniger explizite Verachtung für die Belanglosigkeit bloß privater Angelegenheiten. Woher diese ganz spezielle Mentalität rührte, hat John Adams ganz richtig erfasst, als er davon sprach, dass »die Revolution vollzogen war, bevor der Unabhängigkeitskrieg begonnen hatte«, aber nicht, weil ein besonders revolutionärer oder rebellischer Geist umging, sondern weil die Bewohner der Kolonien »durch das Gesetz in Körperschaften zusammengefasst waren, die politischer Natur waren«, insofern sie das Recht hatten, sich in den »town halls zu versammeln, um dort über öffentliche Angelegenheiten zu beraten«; denn »in diesen Versammlungen der Städte und der ländlichen Bezirke wurde die Denkungsart des Volkes ursprünglich geformt«.

In Frankreich gab es natürlich nichts, was mit den politischen Institutionen in den Kolonien vergleichbar gewesen wäre, doch die Mentalität war die gleiche; was Tocqueville in Frankreich als »Passion« und »Geschmack« bezeichnete, war in Amerika eine Erfahrung, die schon seit Beginn der Kolonisation augenscheinlich war, ja im Grunde seit dem Mayflower-Vertrag, der eine veritable Schule öffentlicher Gesinnung und öffentlicher Freiheit gewesen war. Vor den Revolutionen bezeichnete man diese Männer auf beiden Seiten des Atlantiks als *hommes de lettres*, und es zeichnete sie aus, dass sie ihre freie Zeit damit zubrachten, »die Archive der Antike zu durchstöbern«, das heißt, sich mit der römischen Geschichte zu befassen, nicht, weil sie romantisch von der Vergangenheit als solcher bezaubert waren, sondern in der Absicht, die geistigen wie institutionellen politischen Lehren zurückzugewinnen, die in den Jahrhunderten einer streng christlichen Überlieferung verloren gegangen oder halb in Vergessenheit geraten waren.

»Die Welt war seit den Römern leer, nur das Andenken an sie ist heute die Prophezeiung der Freiheit«, rief Saint-Just aus, und schon vor ihm hatte Thomas Paine prophezeit: »Amerika wird in vergrößertem Maßstab sein, was Athen in Miniatur war.«

Wenn wir verstehen wollen, welche Rolle die Antike für die Geschichte der Revolutionen spielte, müssen wir an die Begeisterung für »antike Weltweisheit« erinnern, mit der Harrington und Milton Cromwells Diktatur begrüßten, und daran, wie diese Begeisterung im 18. Jahrhundert in Montequieus *Considérations sur les causes de la grandeur des Romains et de leur décadence* (Betrachtungen über die Ursachen der Größe der Römer und ihres Niedergangs) wiederauflebte. Ohne das klassische Vorbild dafür, was Politik sein und was die Beteiligung an den öffentlichen Angelegenheiten für das Glück des Menschen bedeuten konnte, hätte keiner der Männer der Revolutionen den Mut zu dem gehabt, was als beispielloses Vorgehen erschien. Historisch betrachtet war es so, als sei der Wiederbelebung der Antike in der Renaissance eine neue Lebensfrist gewährt worden, als habe die Begeisterung für die Republik in den kurzlebigen italienischen Stadtstaaten, die durch das Aufkommen des Nationalstaats zum Scheitern verurteilt war, sich sozusagen nur totgestellt, um den Nationen Europas Zeit zu geben, unter der Vormundschaft absoluter Fürsten und aufgeklärter Despoten zur Mündigkeit heranzureifen.

Die ersten Elemente einer politischen Philosophie, die dieser Vorstellung von öffentlicher Freiheit entspricht, werden in den Schriften von John Adams formuliert. Sein Ausgangspunkt ist folgende Beobachtung: »Wo auch immer man Männer, Frauen und Kinder findet, seien sie alt oder jung, reich oder arm, hochstehend oder niederen Ranges, (...) unwissend oder gebildet, stellt man fest, dass jeder Einzelne von dem starken Wunsch bestimmt ist, von den Menschen ringsum und in seinem Bekanntenkreis gesehen, gehört, angesprochen, anerkannt und respektiert zu werden.« Die Tugend dieser »Leidenschaft« sah Adams in »der Begierde, der Beste zu sein«, und das Laster war für ihn der bloße »Ehrgeiz«, der nach »Macht strebt als einem Mittel sich auszuzeichnen«. Dies sind in der Tat die Haupttugenden und Laster politischer Menschen. Denn der Wille zur Macht als solcher, ohne alle Leidenschaft, sich auszuzeichnen (wo Macht nicht Mittel, sondern Zweck ist), ist das hervorstechende Merkmal des Tyrannen und nicht einmal mehr als politisches Laster zu bezeichnen. Es handelt sich vielmehr um eine Eigenschaft, durch die alles politische Leben zerstört wird, seine Laster ebenso wie seine Tugenden. Gerade weil der Tyrann gar nicht der Beste sein oder sich vor anderen auszeichnen will, findet er so viel Freude daran, zu herrschen und sich damit aus der Gesellschaft anderer auszuschließen; umgekehrt ist es der Wunsch, der Beste zu sein, der dafür sorgt, dass Menschen die Gesellschaft von ihresgleichen lieben und in den öffentlichen Bereich getrieben werden. Diese öffentliche Freiheit ist eine handfeste lebensweltliche Realität, geschaffen von Menschen, um in der Öffentlichkeit gemeinsam Freude zu haben – um von anderen gesehen, gehört, erkannt und erinnert zu werden. Und diese Art von Freiheit erfordert Gleichheit, sie ist nur unter seinesgleichen möglich. Institutionell gesehen ist sie allein in einer Republik möglich, die keine Untertanen und, streng genommen, auch keine Herrscher kennt. Aus diesem Grund spielten Diskussionen über die Staatsform – in deutlichem Gegensatz zu den späteren Ideologien – im Denken und in den Schriften der ersten Revolutionäre eine so bedeutsame Rolle.

Zweifellos ist es offenkundig und von großer Tragweite, dass diese Leidenschaft für die Freiheit um ihrer selbst willen bei Müßiggängern erwachte und von diesen genährt wurde, von *hommes de lettres*, die keinen Herrn hatten und nicht immer eifrig dabei waren, ihren Lebensunterhalt zu verdienen. Mit anderen Worten: Sie genossen die Privilegien athenischer und römischer Bürger, ohne sich an den öffentlichen Angelegenheiten zu beteiligen, mit denen die Freien der Antike so sehr befasst waren. Unnötig zu erwähnen, dass man dort, wo Menschen in wirklich elenden Verhältnissen leben, diese Leidenschaft für die Freiheit nicht kennt. Und wenn wir zusätzliche Belege dafür brauchen, dass solche Verhältnisse in den Kolonien nicht herrschten – die »angenehme Gleichheit« in Amerika, wo, wie Jefferson es formulierte, »das offensichtlich verelendetste Individuum besser dran war als 19 der 20 Millionen Einwohner Frankreichs –, so müssen wir uns nur daran erinnern, dass John Adams diese Freiheitsliebe Reichen und Armen, Hochstehenden und Personen niederen Ranges, Unwissenden und Gebildeten zuschrieb. Das ist der vorrangige, vielleicht sogar einzige Grund, warum die Prinzipien, welche die Männer der ersten Revolutionen beseelten, in Amerika triumphal siegten und in Frankreich auf tragische Weise scheiterten. Mit amerikanischen Augen betrachtet war eine republikanische Regierung in Frankreich »so unnatürlich, irrational und undurchführbar wie in der königlichen Menagerie in Versailles unter Elefanten, Löwen, Tigern, Panthern, Wölfen und Bären« (John Adams). Der Grund, warum der Versuch dazu trotzdem unternommen wurde, ist der, dass diejenigen, die ihn unternahmen, *les hommes de lettres*, sich nicht groß von ihren amerikanischen Kollegen unterschieden; erst im Verlauf der Französischen Revolution merkten sie, dass sie unter vollkommen anderen Umständen agierten.

Die Umstände unterschieden sich in politischer wie in gesellschaftlicher Hinsicht. Selbst die Herrschaft von König und Parlament in England war eine »milde Regierung« im Vergleich zum französischen Absolutismus. Unter deren Auspizien entwickelte England ein kompliziertes und gut funktionierendes System der Selbstverwaltung, das lediglich der expliziten Gründung einer Republik bedurfte, um seine Existenz zu bestätigen. Diese politischen Unterschiede waren zwar wichtig, aber doch vernachlässigbar im Vergleich zu dem enormen Hindernis für die Konstituierung der Freiheit, das in den gesellschaftlichen Verhältnissen in Europa steckte. Die Männer der ersten Revolutionen wussten zwar sehr wohl, dass Befreiung der Freiheit vorangehen musste, waren sich aber noch nicht der Tatsache bewusst, dass eine solche Befreiung mehr bedeutet als politische Befreiung von absoluter und despotischer Macht; dass die Freiheit, frei zu sein, zuallererst bedeutete, nicht nur von Furcht, sondern auch von Not frei zu sein. Und die verzweifelte Armut der Massen, die zum ersten Mal offen sichtbar wurden, als sie auf die Straßen von Paris strömten, ließ sich nicht mit politischen Mitteln überwinden; die ungeheure Macht des Zwangs, unter dem sie arbeiteten, brach vor dem Ansturm der Revolution nicht zusammen, anders als die royale Macht des Königs.

Die Amerikanische Revolution hatte das Glück, nicht mit diesem Freiheitshindernis konfrontiert zu sein, und verdankte ihren Erfolg zu einem Gutteil dem Fehlen verzweifelter Armut unter den Freien und der Unsichtbarkeit der Sklaven in den Kolonien der Neuen Welt. Natürlich gab es Armut und Elend in Amerika, die durchaus mit der Lage der »laboring poor« in Europa vergleichbar waren. Mochte Amerika in der Tat »a good poor Man's country« sein, wie William Penn meinte, ein gutes Land für arme Männer, und bis zum Beginn des 20. Jahrhunderts für die Verarmten Europas der Traum vom gelobten Land bleiben, so ist nicht weniger wahr, dass diese »Gutheit« zu einem beträchtlichen Maß vom Elend der Schwarzen abhing. Mitte des 18. Jahrhunderts kamen in Amerika auf etwa 1 850 000 Weiße ungefähr 400 000 Schwarze, und obwohl wir für diese Zeit keine zuverlässigen Statistiken besitzen, dürfen wir bezweifeln, dass der Prozentsatz völliger Verelendung in diesem Zeitraum in den Ländern der Alten Welt höher lag (auch wenn er sich im Verlauf des 19. Jahrhunderts beträchtlich erhöhen sollte). Der Unterschied bestand somit darin, dass die Amerikanische Revolution aufgrund der Institution der Sklaverei und wegen der Überzeugung, Sklaven würden einer anderen »Rasse« angehören, die Existenz der Elenden übersah und damit die beachtliche Aufgabe aus dem Blick verlor, diejenigen zu befreien, die weniger durch politische Unterdrückung als durch die einfachsten Grundbedürfnisse des Lebens gefesselt waren. *Les malheureux*, die Unglücklichen, die im Verlauf der Französischen Revolution eine so gewaltige Rolle spielten und von ihr mit *le peuple* gleichgesetzt wurden, existierten in Amerika entweder nicht oder blieben völlig im Verborgenen.

Eine der wichtigsten Konsequenzen der Revolution in Frankreich war es, dass sie zum ersten Mal in der Geschichte *le peuple* auf die Straßen brachte und sichtbar machte. Als das geschah, stellte sich heraus, dass nicht nur die Freiheit, sondern auch die Freiheit, frei zu sein, stets nur das Privileg einiger weniger gewesen war. Aus dem gleichen Grund jedoch blieb die Amerikanische Revolution weitgehend folgenlos für das historische Verständnis von Revolutionen, während die Französische Revolution, die krachend scheiterte, bis heute bestimmt, was wir heute als revolutionäre Tradition bezeichnen.

Was also geschah 1789 in Paris? Erstens ist die Freiheit von Furcht ein Privileg, das selbst die wenigen nur in relativ kurzen Zeiträumen in der Geschichte genießen konnten, doch die Freiheit von Not war das große Privileg, das einen kleinen Prozentsatz der Menschheit durch die Jahrhunderte auszeichnete. Was wir als die (dokumentierte) Menschheitsgeschichte bezeichnen, ist größtenteils die Geschichte dieser wenigen Privilegierten. Nur diejenigen, die die Freiheit von Not kennen, wissen die Freiheit von Furcht in ihrer vollen Bedeutung zu schätzen, und nur diejenigen, die von beidem frei sind, von Not wie von Furcht, sind in der Lage, eine Leidenschaft für die öffentliche Freiheit zu empfinden, in sich diesen *goût pour la liberté* und den spezifischen Geschmack an der *egalité* zu entwickeln, den die Freiheit in sich trägt.

Schematisch gesprochen könnte man sagen, dass jede Revolution erst die Phase der Befreiung durchläuft, ehe sie Freiheit erlangen kann, die zweite und entscheidende Stufe bei der Gründung einer neuen Staatsform und eines neuen »civil Body Politick«. Im Verlauf der Amerikanischen Revolution bedeutete die Phase der Befreiung die Befreiung von politischen Fesseln, von der Tyrannei oder der Monarchie, oder wie auch immer man das damals nannte. Diese erste Stufe war gekennzeichnet von Gewalt, doch auf der zweiten Stufe ging es um Überlegung, Diskussion und Überredung, oder, kurz gesagt, um die Anwendung »politischer Wissenschaft«, wie die Gründerväter sie verstanden.

In Frankreich hingegen geschah etwas völlig anderes. Die erste Phase der Revolution zeichnete sich eher durch Auflösung als durch Gewalt aus, und als die zweite Stufe erreicht war und der Konvent Frankreich zur Republik erklärt hatte, hatte sich die Macht bereits auf die Straße verlagert. Die Menschen, die sich in Paris versammelten, um *la nation* und weniger *le peuple* zu repräsentieren, und denen es – ob sie nun Mirabeau oder Robespierre, Danton oder Saint-Just hießen – in erster Linie um die Regierung, die Reform der Monarchie und später um die Gründung einer Republik gegangen war, sahen sich plötzlich mit noch einer Befreiungsaufgabe konfrontiert, nämlich das Volk insgesamt aus dem Elend zu befreien: die Menschen zu befreien, damit sie frei sein konnten.

Das war noch nicht das, was sowohl Marx als auch Tocqueville als das völlig neue Charakteristikum der Revolution von 1848 betrachten sollten, nämlich nicht mehr das Bestreben, die Regierungsform zu ändern, sondern der Versuch, die Gesellschaftsordnung mithilfe des Klassenkampfs zu verändern. Erst nach dem Februar 1848, nach der »erste[n] große[n] Schlacht (...) zwischen den beiden Klassen, welche die moderne Gesellschaft spalten«, notierte Marx, dass Revolution nunmehr »Umwälzung der bürgerlichen Gesellschaft [bedeutet], während es vor dem Februar bedeutet hatte: Umwälzung der Staatsform«. Die Französische Revolution war das Vorspiel dazu, und obwohl sie aufs Jämmerlichste scheiterte, blieb sie für alle späteren Revolutionen entscheidend. Sie zeigte, was die Formel, alle Menschen seien gleich geschaffen, in der Praxis bedeutete. Und an genau diese Gleichheit dachte Robespierre, als er davon sprach, die Revolution stelle »die Größe des Menschen gegen die Kleinlichkeit der Großen«; ebenso Hamilton, als er meinte, die Revolution bedeute die »Wiedergewinnung der Ehre des Menschengeschlechts«; und auch Kant, dessen Lehrmeister Rousseau und die Französische Revolution waren, als er eine neue »Würde des Menschen« konzipierte. Was auch immer die Französische Revolution erbrachte oder auch nicht – und für die Gleichheit der Menschen sorgte sie nicht –, so befreite sie zumindest die Armen aus der Verborgenheit, aus der Nicht-Sichtbarkeit. Seither erschien eines jedenfalls unwiderruflich: Diejenigen, die sich der Freiheit verpflichtet fühlten, konnten sich mit einem Zustand arrangieren, in dem die Freiheit von Not – die Freiheit, frei zu sein – ein Privileg von ein paar wenigen war.

Was die ursprüngliche Beziehung zwischen den Revolutionären und der breiten Masse der Armen, die von ihnen offen sichtbar gemacht wurden, angeht, so möchte ich Lord Actons interpretierende Beschreibung des Marsches der Frauen auf Versailles zitieren, der einen der entscheidenden Wendepunkte in der Französischen Revolution darstellte. Die Marschierenden, so Acton, »handelten spontan als Mütter, deren Kinder in Elendsquartieren Hungers starben, und damit liehen sie den Antrieben, welche sie weder teilten, noch auch nur verstanden, die diamantene Härte, der nichts widerstehen konnte«. Was *le peuple*, das gemeine Volk, wie man es in Frankreich verstand, in die Revolution einbrachte und was in Amerika völlig fehlte, war die Unwiderstehlichkeit einer Bewegung, die von menschlicher Macht nicht mehr zu kontrollieren war. Diese elementare Erfahrung der Unwiderstehlichkeit – so unwiderstehlich wie die Bewegung der Himmelskörper – erzeugte eine ganz neue Bildlichkeit, die wir heute fast automatisch assoziieren, wenn wir an revolutionäre Ereignisse denken.

Und wenn Saint-Just unter dem Eindruck dessen, was er mit eigenen Augen sah, ausrief: »Les malheureux sont la puissance de la terre«, so meinte er den großen »torrent révolutionnaire« (Desmoulins), von dessen gewaltigen Wogen die Handelnden getragen und mitgerissen wurden, bis sie, von einer unterirdischen Strömung erfasst, hinuntergezogen wurden und zusammen mit ihren Feinden, den Agenten der Gegenrevolution, untergingen. Oder Robespierres Sturm und reißenden Strom, der von den Verbrechen der Tyrannen auf der einen Seite und vom Fortschritt der Freiheit auf der anderen gespeist wurde und unablässig an Geschwindigkeit und Wucht gewann. Oder das, wovon Beobachter berichteten: »Die Lava der Revolution fließt majestätisch und schont nichts. Wer kann sie abweisen?«, ein Schauspiel, von dem Vergniaud meinte, es stehe unter dem Zeichen des Saturn, denn »die Revolution frißt wie Saturn ihre eigenen Kinder«. Die Worte, die ich hier zitiere, stammen alle von Männern, die in führender Position an der Französischen Revolution beteiligt waren, und sie bezeugen Dinge, die sie selbst erlebt haben, also nichts, was sie mit Absicht getan haben oder tun wollten. Es ist das, was geschah, und es erteilte den Menschen eine Lektion, die weder in Hoffnung noch in Angst je vergessen wurde. Diese Lehre, die ebenso schlicht wie neu und unerwartet war, hat Saint-Just so formuliert: »Wenn man eine Republik gründen will, muss man zunächst das Volk aus seiner elenden Lage befreien, die es verdirbt. Ohne Stolz gibt es keine politischen Tugenden, und wer unglücklich ist, kann keinen Stolz haben.«

Dieser neue Freiheitsbegriff, der auf der Befreiung von Armut beruhte, veränderte sowohl Richtung als auch Ziel der Revolution. Freiheit bedeutete nunmehr zuallererst »Kleidung, Nahrung und die Reproduktion der Gattung«, weil die Sansculotten bewusst unterschieden zwischen ihren eigenen Rechten und der wolkigen, für sie bedeutungslosen Sprache der *Allgemeinen Erklärung der Menschen- und Bürgerrechte*. Verglichen mit der Dringlichkeit ihrer Forderungen wirkten alle Überlegungen zur besten Regierungsform plötzlich unerheblich und müßig. »La République? La Monarchie? Je ne connais que la question sociale«, verkündete Robespierre. Und Saint-Just, der anfangs die größtmögliche Begeisterung für die »republikanischen Institutionen« an den Tag gelegt hatte, sollte hinzufügen: »Die Freiheit des Volkes liegt in seinem privaten Leben; niemand soll es stören. Möge der Staat nur die Gewalt sein, welche diesen Zustand der Einfalt gegen die Gewalt selbst beschützt.« Er mochte sich dessen nicht bewusst gewesen sein, aber damit war er ziemlich genau beim Credo des aufgeklärten Despotismus angelangt; es lautete mit den Worten Karls I. von England, die dieser auf dem Schafott sprach: Die Freiheit des Volkes »besteht darin, dass es von Gesetzen regiert wird, die ihm Leben und Eigentum garantieren; sie besteht nicht in der Teilnahme an der Regierung, das geht sie nichts an«. Wenn stimmte, worin alle Beteiligten, bewegt vom Elend des Volkes, plötzlich übereinstimmten, dass Ziel von Revolutionen das Glück und Wohlergehen des Volkes sein müsse – »le but de la Révolution est le bonheur du peuple« –, dann war dafür eine ausreichend aufgeklärte despotische Regierung womöglich besser geeignet als eine Republik.

Die Französische Revolution mündete in eine Katastrophe und wurde zu einem Wendepunkt der Weltgeschichte; die Amerikanische Revolution war ein triumphaler Erfolg und blieb eine lokale Angelegenheit, was zum Teil damit zu tun hatte, dass die soziale Lage auf der Welt insgesamt eher der in Frankreich ähnelte, zum Teil aber auch damit, dass die viel gepriesene pragmatische Tradition der Angelsachsen nachfolgende Generationen von Amerikanern davon abhielt, über ihre Revolution *nachzudenken* und ihre Erfahrung in entsprechende Begriffe zu fassen. Es überrascht deshalb nicht, dass der Despotismus oder genauer die Rückkehr in die Zeit des aufgeklärten Absolutismus, die sich im Verlauf der Französischen Revolution bereits deutlich ankündigte, zur Regel für fast alle nachfolgenden Revolutionen wurde – oder zumindest für diejenigen, die nicht in der Wiederherstellung des Status quo ante endeten – und die Revolutionstheorie bestimmte.

Ich will diese Entwicklung nicht im Detail nachzeichnen; sie ist hinreichend bekannt, insbesondere aus der Geschichte der bolschewistischen Partei und der Russischen Revolution. Überdies war sie vorhersehbar: Im Spätsommer 1918 – nach der Verabschiedung der sowjetischen Verfassung, aber noch vor der ersten Terrorwelle, die durch die versuchte Ermordung Lenins ausgelöst wurde – schrieb Rosa Luxemburg in einem privaten, später veröffentlichten und heute berühmten Brief: »Mit dem Erdrücken des politischen Lebens im ganzen Lande muß auch das Leben in den Sowjets immer mehr erlahmen. Ohne allgemeine Wahlen, ungehemmte Presse- und Versammlungsfreiheit, freien Meinungskampf erstirbt das Leben in jeder öffentlichen Institution, wird das Scheinleben in der Bürokratie allein das tätige Element. Das öffentliche Leben schläft allmählich ein, einige Dutzend Parteiführer von unerschöpflicher Energie und grenzenlosem Idealismus dirigieren und regieren, unter ihnen leitet in Wirklichkeit ein Dutzend hervorragender Köpfe, und eine Elite der Arbeiterschaft wird von Zeit zu Zeit aufgeboten, um den Reden der Führer Beifall zu klatschen, vorgelegten Resolutionen einstimmig zuzustimmen, im Grunde also eine Cliquenwirtschaft – nicht die Diktatur des Proletariats, sondern die Diktatur einer Handvoll Politiker.« Dass es genau darauf hinauslief – abgesehen von Stalins totalitärer Herrschaft, für die man Lenin oder die Revolutionstradition schwerlich verantwortlich machen kann –, wird niemand leugnen. Weniger offenkundig ist vielleicht, dass man nur ein paar Wörter ändern müsste, um eine vollkommene Beschreibung der Übel des Absolutismus vor den Revolutionen zu erhalten.

Ein Vergleich der ersten beiden Revolutionen, deren Anfänge so ähnlich und deren Enden so ungeheuer unterschiedlich waren, zeigt, so glaube ich, in aller Deutlichkeit nicht nur, dass die Überwindung der Armut eine Voraussetzung für die Begründung der Freiheit ist, sondern auch, dass die Befreiung von der Armut etwas anderes ist als die Befreiung von politischer Unterdrückung. Denn während Gewalt, die man der Gewalt entgegensetzt, zu Krieg führt, zu zwischenstaatlichem Krieg oder zu Bürgerkrieg, führte ein gewaltsames Vorgehen gegen die sozialen Verhältnisse stets zu Terror. Terror statt bloßer Gewalt, Terror, der losbricht, nachdem das alte Regime beseitigt und das neue Regime installiert wurde, weiht Revolutionen dem Untergang oder deformiert sie so entscheidend, dass sie in Tyrannei und Despotismus abgleiten.

Das ursprüngliche Ziel der Revolution war, wie schon gesagt, Freiheit im Sinne der Abschaffung persönlicher Herrschaft und der Zulassung aller zum öffentlichen Bereich sowie ihrer Beteiligung bei der Verwaltung der Angelegenheiten, die alle betreffen. Herrschaft bezog ihre größte Legitimation nicht aus Machtstreben, sondern aus dem menschlichen Wunsch, die Menschheit von den Lebensnotwendigkeiten zu emanzipieren; um das zu erreichen, bedurfte es der Gewalt, der Zwangsmittel, damit viele die Last der wenigen trugen, sodass zumindest einige frei sein konnten. Das – und nicht die Anhäufung von Reichtum – war der Kern der Sklaverei, zumindest in der Antike, und es ist lediglich dem Aufkommen moderner Technik und nicht irgendwelchen modernen politischen Vorstellungen, darunter auch revolutionären Ideen, geschuldet, dass sich diese Situation der Menschen zumindest in einigen Teilen der Welt geändert hat.

Was Amerika mit viel Glück gelang, können viele andere Staaten – aber vermutlich nicht alle – heute mithilfe kalkulierten Bemühens und organisierter Entwicklung erreichen. An dieser Tatsache bemisst sich unsere Hoffnung. Sie erlaubt es uns, die Lehren der deformierten Revolutionen zu berücksichtigen und dennoch weiter an ihrer unabweisbaren Größe, aber auch an dem ihnen innewohnenden Versprechen festzuhalten.

Erlauben Sie mir abschließend, auf einen weiteren Aspekt der Freiheit hinzuweisen, der im Verlauf der Revolutionen in den Vordergrund rückte und auf den die Revolutionäre selbst am allerwenigsten vorbereitet waren. Es geht darum, dass die Idee der Freiheit und die tatsächliche Erfahrung eines Neuanfangs innerhalb des historischen Kontinuums in eins fallen sollten. Ich möchte noch einmal an den *Novus Ordo Saeclorum* erinnern. Diese überraschende Wendung stammt von Vergil, in dessen Vierter Ekloge es heißt: *Magnus ab integro saeclorum nascitur ordo* (»aufs neue hebt an die große Folge der Zeiten«), und zwar in diesem Fall mit der Herrschaft des Augustus. Vergil spricht hier von einer großen *(magnus)*, aber nicht von einer neuen *(novus)* Ordnung, und diese Änderung in einem Vers, der über die Jahrhunderte viel zitiert wurde, ist charakteristisch für die Erfahrungen der Neuzeit. Für Vergil ging es – nunmehr in der Sprache des 17. Jahrhunderts – darum, Rom »aufs Neue«, aber nicht ein »neues Rom« zu gründen. Damit entging er in typisch römischer Manier der gefürchteten Gefahr der Gewalt, die dem Bruch mit der Tradition Roms, also der überlieferten *(traditio)* Gründungsgeschichte der Ewigen Stadt, innewohnte, wenn man einen Neuanfang propagierte.

Nun könnten wir natürlich behaupten, der Neubeginn, den die Beobachter der ersten Revolutionen zu erleben glaubten, sei lediglich die Wiedergeburt von etwas ziemlich Altem: die Renaissance eines säkularen politischen Bereichs, der schließlich aus Christentum, Feudalismus und Absolutismus erwuchs. Doch jenseits der Frage, ob es sich um eine Geburt oder Wiedergeburt handelt, ist das Entscheidende an Vergils Vers die Tatsache, dass er einer Geburtshymne entstammt, die nicht die Geburt eines göttlichen Kindes prophezeit, sondern die *Geburt als solche* preist, die Ankunft einer neuen Generation, das große rettende Ereignis oder »Wunder«, das die Menschheit ein ums andere Mal erlösen wird. Mit anderen Worten: Hier wird die Göttlichkeit der Geburt beschworen und die Überzeugung, wonach die potenzielle Rettung der Welt allein darin begründet liegt, dass sich die menschliche Gattung immer wieder und für immer erneuert.

Was die Männer der Revolution auf gerade dieses antike Gedicht zurückgreifen ließ, war, neben ihrer Bildung, meiner Ansicht nach die Tatsache, dass nicht nur die vorrevolutionäre *Idee* der Freiheit, sondern auch die Erfahrung, frei zu sein, mit dem Beginn von etwas Neuem, mit – metaphorisch gesprochen – der Geburt eines neuen Zeitalters zusammenfiel, oder besser: eng damit verwoben war. Man hatte das Gefühl: Frei zu sein und etwas Neues zu beginnen, war das Gleiche. Und diese geheimnisvolle menschliche Gabe, die Fähigkeit, etwas Neues anzufangen, hat offenkundig etwas damit zu tun, dass jeder von uns durch die Geburt als Neuankömmling in die Welt trat. Mit anderen Worten: Wir können etwas beginnen, weil wir Anfänge und damit Anfänger *sind*.

Insofern uns die Fähigkeit zum Handeln und Sprechen – und Sprechen ist nichts weiter als eine andere Form des Handelns – zu politischen Wesen macht und da Agieren seit jeher bedeutet, etwas in Bewegung zu setzen, das zuvor nicht da war, ist Geburt, menschliche Gebürtlichkeit als Entsprechung zur Sterblichkeit des Menschen, die ontologische *conditio sine qua non* aller Politik. Das wusste man bereits in der griechischen und römischen Antike, wenn auch nicht explizit. In den Vordergrund rückte es durch die Erfahrungen der

Revolution, und es hat – wenn auch erneut eher unausgesprochen – das, was man als revolutionären Geist bezeichnen könnte, beeinflusst. Jedenfalls führt uns die Kette von Revolutionen, die im Guten wie im Schlechten zum Charakteristikum der Welt, in der wir leben, geworden ist, immer wieder die eruptiven Neuanfänge innerhalb des zeitlichen und historischen Kontinuums vor Augen.

Wir, die wir es einer Revolution und der anschließenden Begründung eines völlig neuen politischen Körpers zu verdanken haben, dass wir aufrechten Hauptes gehen und in Freiheit handeln können, sollten uns tunlichst daran erinnern, was eine Revolution im Leben von Nationen bedeutet. Ganz gleich, ob sie im Erfolg endet, mit der Konstituierung eines öffentlichen Raums der Freiheit, oder in die Katastrophe mündet für diejenigen, die sie wagten oder sich gegen ihre Neigung und Erwartung daran beteiligten – der Sinn von Revolution ist die Verwirklichung eines der größten und grundlegendsten menschlichen Potenziale, nämlich die unvergleichliche Erfahrung, frei zu sein für einen Neuanfang, woraus der Stolz erwächst, die Welt für einen *Novus Ordo Saeclorum* geöffnet zu haben.

Zusammenfassend lässt sich sagen: Niccolò Machiavelli, den man durchaus als den »Vater der Revolutionen« bezeichnen kann, wünschte sich nichts sehnlicher als eine neue Ordnung der Dinge für Italien, verfügte allerdings über recht wenig Erfahrung, wenn er über diese Dinge sprach. So glaubte er noch immer, die »Neuerer«, das heißt die Revolutionäre, stünden am Anfang vor der größten Schwierigkeit, wenn es darum gehe, die Macht zu übernehmen, während es viel leichter für sie sei, sie zu behalten. Aus so gut wie allen Revolutionen wissen wir, dass das Gegenteil der Fall ist – dass es relativ leicht ist, an die Macht zu kommen, aber unendlich viel schwerer, an der Macht zu bleiben, wie Lenin (nicht der schlechteste Gewährsmann in diesen Dingen) einst bemerkte. Doch Machiavelli war erfahren genug, um Folgendes zu sagen: »Auch muss man bedenken, dass kein Vorhaben schwieriger in der Ausführung, unsicherer hinsichtlich seines Erfolges und gefährlicher bei seiner Verwirklichung ist, als eine neue Ordnung einzuführen.« Niemand, der die Geschichte des 20. Jahrhunderts auch nur ein wenig kennt, wird, so glaube ich, gegen diesen Satz etwas einzuwenden haben. Überdies hat sich gezeigt, dass die Gefahren, die Machiavelli voraussah, bis zum heutigen Tag ganz real sind, wenngleich er sich der größten Gefahr bei modernen Revolutionen noch gar nicht bewusst war: der Gefahr, die aus der Armut erwächst. Er erwähnt, was man seit der Französischen Revolution als konterrevolutionäre Kräfte bezeichnet, also diejenigen, die »aus der alten Ordnung Nutzen ziehen«, und die »Lauheit« derjenigen, die von der neuen Ordnung profitieren könnten, weil die Menschen von Natur aus misstrauisch sind und »erst an die Wahrheit von etwas Neuem glauben, wenn sie damit verlässliche Erfahrungen gemacht haben«. Das Entscheidende dabei aber ist, dass Machiavelli die Gefahr nur im Scheitern des Versuchs, eine neue Ordnung der Dinge zu errichten, sah, also in der völligen Schwächung des Landes, in dem dieser Versuch unternommen wurde. Auch das hat sich als zutreffend erwiesen, denn eine solche Schwäche, das heißt ein Machtvakuum, von dem oben schon die Rede war, kann durchaus Eroberer auf den Plan rufen. Es ist nun nicht so, dass es dieses Machtvakuum vorher nicht gegeben hätte, aber es kann jahrelang verborgen bleiben, bis es zu irgendeinem entscheidenden Ereignis kommt und der Zusammenbruch der Macht und eine Revolution es auf drastische Weise offen und für alle sichtbar machen. Überdies haben wir die allergrößte Gefahr erlebt, dass nämlich aus dem abgebrochenen Versuch, die Institutionen der Freiheit zu gründen, die gründlichste Abschaffung der Freiheit und sämtlicher Freiheitsrechte erwächst.

Gerade weil Revolutionen die Frage politischer Freiheit in ihrer wahrhaftigsten und radikalsten Form stellen – Freiheit, sich an den öffentlichen Angelegenheiten zu beteiligen, Freiheit des Tuns –, sind alle anderen Freiheiten, politische wie bürgerliche, in Gefahr, wenn Revolutionen scheitern. Deformierte Revolutionen wie die Oktoberrevolution in Russland unter Lenin oder abgebrochene Revolutionen wie die verschiedenen Erhebungen bei den europäischen Mittelmächten nach dem Ersten Weltkrieg können, wie wir heute wissen, Folgen haben, die in ihrem blanken Horror nachgerade beispiellos sind. Entscheidend ist, dass Revolutionen selten reversibel sind, dass sie, haben sie sich einmal zugetragen, unvergesslich sind – wie Kant mit Blick auf die Französische Revolution bemerkte, als in Frankreich der *terreur* herrschte. Das kann nun nicht heißen, dass es Revolutionen deshalb am besten zu verhindern gilt, denn wenn Revolutionen die Folge von Regimen sind, die sich in völliger Auflösung befinden, und nicht das »Produkt« von Revolutionären – ob sie nun in Verschwörergruppen oder Parteien organisiert sind –, dann bedeutet das Verhindern einer Revolution eine Veränderung der Regierungsform, was letztlich auch eine Revolution bedeutet mit all den Gefahren und Risiken, die sie mit sich bringt.

Der Zusammenbruch von Autorität und Macht, der in der Regel nicht nur die Zeitungsleser in seiner Plötzlichkeit überrascht, sondern auch alle Geheimdienste und ihre Experten, die solche Dinge beobachten, wird nur dann zu einer Revolution im vollen Wortsinne, wenn Menschen bereit und in der Lage sind, die Macht aufzugreifen, in das Machtvakuum vorzustoßen und sozusagen einzudringen. Was dann passiert, hängt von vielerlei Umständen ab, nicht zuletzt von der Einsicht ausländischer Mächte, dass revolutionäre Praktiken irreversibel sind. Vor allem aber hängt es von subjektiven Eigenschaften und dem moralisch-politischen Erfolg oder Scheitern derjenigen ab, die bereit sind, Verantwortung zu übernehmen. Wir haben wenig Grund zu der Hoffnung, dass solche Menschen irgendwann in nicht allzu ferner Zukunft an praktischer und theoretischer Klugheit an die Männer der Amerikanischen Revolution heranreichen, die zu den Gründern dieses Landes wurden. Wir können, so befürchte ich, allenfalls darauf hoffen, dass die Freiheit in einem politischen Sinn nicht wieder für Gott weiß wie viele Jahrhunderte von dieser Erde verschwindet.

Anhang

NACHWORT

Thomas Meyer
*Hannah Arendt oder
Die Revolution des Denkens*

Hannah Arendts hier erstmals auf Deutsch veröffentlichter Essay *Die Freiheit, frei zu sein* ist auch gut fünfzig Jahre nach seiner Niederschrift von ungebrochener Aktualität. Die Fragen nach Freiheit und ihren Gefährdungen, nach revolutionären Umwälzungen und ihren Ursachen, politischer Stabilität und den Formen des Zusammenlebens moderner Gesellschaften, schließlich nach dem Wiedererstarken des Nationalstaates in einer von globalen wirtschaftlichen Prozessen dominierten Welt, werden hier ebenso genau gestellt, wie sie herausfordernd beantwortet werden.

Die folgenden Bemerkungen wollen die Möglichkeit bieten, das revolutionär Neue von Arendts Überlegungen genauer kennenzulernen. Und sie wollen dazu beitragen, sowohl die persönliche als auch die geistige Freiheit der außergewöhnlichen Denkerin besser zu verstehen.

Dazu wird zunächst knapp die Entstehungsgeschichte des bislang unbekannten Textes nachgezeichnet (I.).

Da Arendt sowohl eine systematische als auch eine ständig ihre Überlegungen fortschreibende und korrigierende Autorin war, wird ausführlich auf wesentliche Stationen ihres Denkweges eingegangen (II.). Vor diesem Hintergrund offenbart Arendts Argumentation in *Die Freiheit, frei zu sein* ihre ganze Brisanz – auch für unsere Zeit (III.).

I.

Die Freiheit, frei zu sein gehört zu einer Reihe von Essays und Vorträgen, die Arendt im Zusammenhang mit ihrem 1963 vorgelegten Buch *On Revolution* verfasste. Eine von ihr selbst übersetzte und überarbeitete deutsche Fassung des Bandes unter dem Titel *Über die Revolution* erschien Ende 1965.

Eine veränderte Version des hier abgedruckten Textes trug Arendt am 21. April 1967 in Chicago unter dem Titel *Revolution and Freedom* (*Revolution und Freiheit*) vor. Doch anders als diese Fassung trägt das Manuskript unseres Essays keine Überschrift und enthält auch keinen Hinweis auf die genauere Entstehungszeit und Verwendung. Vieles spricht gleichwohl dafür, dass der Text im Jahr 1967 fertiggestellt wurde.

Der Titel *Die Freiheit, frei zu sein* geht auf einen Vorschlag von Arendts Schüler, Assistenten und Freund Jerome Kohn zurück, der den Text im Nachlass fand und ihn im amerikanischen Original im Sommer 2017 online veröffentlichte. Der Titel selbst ist ein Glücksfall, stellt er doch den Kern von Arendts Überlegungen heraus. Zudem verwendete sie selbst die Formel von der »Freiheit, frei zu sein«[*]. Ohne die Herkunft des Ausdrucks eigens selbst zu bestimmen, darf man davon ausgehen, dass Arendt sehr genau wusste, wen sie damit zitierte. Denn die Rede von der »Freiheit, frei zu sein« geht auf den Schriftsteller und Philosophen Henry David Thoreau (1817–1862) zurück, dessen Wendung in »Life Without Principle« (»Leben ohne Prinzipien«) im Oktober 1863 erstmals veröffentlicht wurde:

> »Was bedeutet es, frei geboren zu sein, aber nicht frei zu leben? Welchen Wert hat politische Freiheit, wenn sie nicht Mittel ist für moralische Freiheit? Ist es die Freiheit, Sklave zu sein, oder die Freiheit, frei zu sein, auf die wir stolz sind?«[**]

Arendt hat ihre Texte stets nach einer genauen Dramaturgie komponiert. Die Formel von der »Freiheit, frei zu sein« steht in der Mitte ihrer Ausführungen.

---

[*] Hannah Arendt, *Die Freiheit, frei zu sein.* dtv 2018, S. 24.
[**] Henry David Thoreau, *Über die Pflicht zum Ungehorsam gegen den Staat und andere Essays.* Diogenes 1973, S. 57.

II.

Man könnte Hannah Arendts Lebens- und Denkweg vollständig mit den Daten von Revolutionen und Freiheitskämpfen nachzeichnen. Als sie am 14. Oktober 1906 im heutigen Hannover geboren wurde, hatte sich acht Tage zuvor erstmals nach einer Revolution ein Parlament im Iran konstituiert. Die Russische Revolution von 1905 wurde zur gleichen Zeit von dem bedeutenden Soziologen Max Weber in Heidelberg analysiert. Als Arendt am 4. Dezember 1975 überraschend in ihrer New Yorker Wohnung verstarb, wurde in Nordkorea gerade die »Drei-Revolutionen-Flaggen-Bewegung« unter dem angehenden Diktator Kim Jong-Il nach dem Vorbild der 1966 begonnenen sogenannten »Großen Proletarischen Kulturrevolution« Chinas begründet.

Dass die Ideen von Freiheit und Revolution und ihre grausamen Missbräuche ihrem Leben und Denken nicht bloß äußerlich blieben, dafür sorgte bereits Arendts Herkunft als deutsche Jüdin. Die Oktoberrevolution 1917, die Ermordung von Rosa Luxemburg und Karl Liebknecht im Januar 1919 und die nur wenige Monate später erfolgte Niederschlagung der vielfach als »jüdisch« verunglimpften Münchner Räterepublik waren Ereignisse, die Arendt tief prägten. Liest man ihre ersten politischen Texte, so wird man vor diesem Erfahrungshintergrund kaum überrascht sein, dass sie das Buch des Soziologen Karl Mannheim (1893–1947)

Ideologie und Utopie besprach*, enthielt es doch ausführliche Überlegungen zum Entstehen der Moderne im Wechselspiel von Freiheit und Revolution. Und Arendts kritischer Aufsatz über die Emanzipation der deutschen Juden seit den Tagen von Moses Mendelssohn (1729–1786) erscheint angesichts der »Machtergreifung« der Nationalsozialisten, die sich seit 1923 als Bewegung der »nationalen Revolution« bezeichneten, wie eine Warnung vor dem, was kommen sollte.

Arendts Flucht nach Paris im Jahr 1933 ließ sie die »revolutionären« Umbrüche in Deutschland direkt und somit existenziell spüren. Von nun an sah sich Arendt persönlich verpflichtet, die Dialektik von Revolutionen, die stets die Motive der Befreiung und der Freiheit der Völker für sich in Anspruch nehmen, genauer zu analysieren. Rasch entdeckte sie dabei, dass die erstrebte Freiheit immer nur eine negative war – Freiheit wurde hier lediglich als Freiheit von Zwang verstanden.

Mit dem Ende des Zweiten Weltkrieges 1945 beobachtete die seit vier Jahren in den USA lebende Arendt, wie die imperialen Bestrebungen der Sowjetunion zum »Warschauer Pakt« führten und sich unter Führung der USA westliche Gegenbewegungen bildeten. Gleichzeitig wiedererstarkte die Idee des Nationalstaats, wäh-

---

* Hannah Arendt, »Philosophie und Soziologie. Anläßlich Karl Mannheim *Ideologie und Utopie*«, in *Die Gesellschaft* 7 (1930), S. 163–176.

rend afrikanische und asiatische Länder versuchten, die Fesseln der Kolonialzeit zu lösen.

1951 war es dann so weit. In ihrer Studie *Origins of Totalitarianism*, die vier Jahre später und stark verändert als *Elemente und Ursprünge totaler Herrschaft* in Deutschland erschien, betrachtete Arendt die Pläne von Nationalsozialismus und Stalinismus vor dem Hintergrund ihres Ursprungs:

»Daß die Nazis die Welt erobern, ›artfremde‹ Völker aussiedeln und ›erbbiologisch Minderwertige ausmerzen‹ wollten, war so wenig ein Geheimnis wie die Weltrevolution und -eroberungspläne des russischen Bolschewismus.«[*]

Bei der Analyse der Pläne und deren Umsetzung hatte Arendt stets die vermeintlichen Ränder der Welt im Blick:

»Die Expansionspolitik des imperialistischen Zeitalters bediente sich zweier, innerhalb der europäischen Geschichte durchaus neuer Herrschafts- und Organisationsprinzipien: Sie führte den Rassebegriff in die innerpolitische Organisation der Völker ein, die sich bis dahin als Na-

---

[*] Hannah Arendt, *Elemente und Ursprünge totaler Herrschaft*. Piper 2008, S. 794.

tionen verstanden und andere, nichteuropäische Völker als werdende Nationen angesehen hatten, und sie setzte an die Stelle der vorimperialistischen, erobernden und ausraubenden Kolonialherrschaft die geregelte Unterdrückung, die wir Bürokratie nennen.«[*]

Arendt war sich bewusst, dass sie mit dem Buch nur einen Anfang gemacht hatte, der in zwei Richtungen fortzusetzen war. Einmal galt es, die Analysen an den aktuellen Entwicklungen zu messen. So schrieb sie sofort nach der Revolution in Ungarn 1956 eine erste, ausführliche Untersuchung, die sie jedoch kurze Zeit später wieder verwarf. Und zu den Anfängen der europäischen Überlieferung zurückzugehen, bedeutete für Arendt nichts anderes, als sich der Kontinuität im Denken und Handeln der Menschen zu versichern. So wollte sie bei den Griechen Sophokles, Platon oder Thukydides die Weichenstellungen begreifen, die Menschen in der Beschäftigung mit sich und der Gesellschaft vornahmen.

In der Folge stieß Arendt einerseits mit ihrer Beschreibung totaler Herrschaft immer weiter in ihre Gegenwart vor, andererseits entwickelte sie eine politische Theorie menschlichen Handelns. Das Ergebnis der Überlegungen trug 1958 im Original den Titel *The*

---

[*] Arendt, *Elemente und Ursprünge*, S. 405.

Human Condition und erschien zwei Jahre später in eigener Übersetzung als *Vita activa oder Vom tätigen Leben,* wiederum wesentlich verändert, in Deutschland. Das Buch bedeutete nicht zuletzt wegen der aufeinander verweisenden Begriffe Freiheit und Revolution einen neuen Ansatz.

So legte Arendt die Veränderungen in den drei »Grundtätigkeiten« des Menschen offen, die ihn von der Geburt an prägen: Arbeit, Herstellen und Handeln. Doch anders als die griechische Philosophie und ihre christlichen Interpreten benannte sie damit Kategorien, die ganz und gar weltlich waren. Arendt hatte weder ein Interesse an der Bestimmung der menschlichen »Natur« oder des »Wesens«, noch wollte sie die Ängste und Hoffnungen des Menschen mit der Vorstellung eines Gottes oder etwas Göttlichem verbinden.

Stattdessen lotete sie die Möglichkeiten und Grenzen menschlichen Lebens aus, das sich zwischen privat und öffentlich, Freiheitsspielräumen und Zwangssituationen abspielt. Und so war es nur folgerichtig, dass Arendt die Ausbruchsversuche aus diesem Schema genauer in den Blick nahm. Karl Marx, zu dem Arendt ein Buch fast fertigstellte, wurde für sie immer wichtiger. Natürlich wurde Arendt keine Marxistin, und doch hatte er am deutlichsten und wirkmächtigsten diejenigen Konsequenzen gezogen, die seit den Rufen nach »Freiheit, Gleichheit, Brüderlichkeit« im Jahr 1789 formuliert worden waren. So kam Arendt nicht umhin, festzustellen:

»In der Geschichte der Revolutionen von 1848 bis 1956, dem Jahr der Ungarischen Revolution, hat die europäische Arbeiterklasse eines der glorreichsten und vielleicht das einzige Kapitel geschrieben, das zu einer Hoffnung auf eine erwachende politische Produktivität der abendländischen Völker berechtigt.«[*]

Damit stand Arendt, die seit 1941 in den USA lebte und seitdem als »freischwebende Intellektuelle« (Karl Mannheim) arbeitete, ihr nächstes Thema bereits klar vor Augen: In *Über die Revolution* führte sie die zunächst in *Ursprünge und Elemente totaler Herrschaft* und *Vita activa* angestellten Überlegungen zusammen und legte dann ihr Hauptaugenmerk auf die Amerikanische Revolution, an deren Ende ein neuer Staat mit einer neuen Verfassung stand: die Vereinigten Staaten von Amerika. Für Arendt waren diese schlicht und ergreifend das Ergebnis einer gelungenen Revolution, die ein Versprechen enthielt: dass Umstürze mit einer klaren Freiheitsvorstellung ein stabiles Gemeinwesen schaffen können.

Und die Studie enthielt noch eine weitere Überraschung: ein Lob der »Räte«. In diesen sowohl von Konservativen als auch von Parteimarxisten geschmäh-

---

[*] Hannah Arendt, *Vita activa oder vom tätigen Leben*. Piper 1960, S. 210.

ten Utopisten sah Arendt ein urdemokratisches Potenzial. Mit großer Sympathie zeichnete sie die Überparteilichkeit und das Bewusstsein dafür nach, dass »es jedem inmitten der Massengesellschaften« erlaubt sein müsse, »an den öffentlichen Angelegenheiten der Zeit teilzunehmen«.

III.

Hannah Arendts Essay *Die Freiheit, frei zu sein* ist eine konsequente Weiterführung ihres Denkens. Ganz Zeitgenossin, keiner Partei, nur der Wirklichkeit verpflichtet, liefert die politische Theoretikerin ein zeitlos anmutendes Plädoyer für aktive Wachsamkeit. Eine Wachsamkeit, die sich sowohl der Möglichkeiten als auch der Gefährdungen von Revolutionsversprechen und Freiheitsutopien bewusst ist.

Nicht zuletzt durch die Ereignisse von 1989 ist Deutschland, das durch das Ausbleiben oder frühe Scheitern von Revolutionen lange als »verspätete Nation« (Helmuth Plessner) galt, Teil eines gänzlich neuen historischen Raumes geworden. Was zuvor in West und Ost aufgeteilt war, wurde in kurzer Zeit zu einer nur schwer beschreibbaren Nachbarschaft. Es war genau der Moment, den Arendt mit bewusst gewähltem Pathos gut zwanzig Jahre zuvor für die Geschichte der USA so beschrieben hatte:

»Wir, die wir es einer Revolution und der anschließenden Begründung eines völlig neuen politischen Körpers zu verdanken haben, dass wir aufrechten Hauptes gehen und in Freiheit handeln können, sollten uns tunlichst daran erinnern, was eine Revolution im Leben von Nationen bedeutet. Ganz gleich, ob sie im Erfolg endet, mit der Konstituierung eines öffentlichen Raums der Freiheit, oder in die Katastrophe mündet für diejenigen, die sie wagten oder sich gegen ihre Neigung und Erwartung daran beteiligten – der Sinn von Revolution ist die Verwirklichung eines der größten und grundlegendsten menschlichen Potenziale, nämlich die unvergleichliche Erfahrung, frei zu sein für einen Neuanfang, woraus der Stolz erwächst, die Welt für einen *Novus Ordo Saeclorum* geöffnet zu haben.«[*]

Im Rückblick wird leicht erkennbar, dass die Gestaltung des neuen politischen Raumes namens »Europa« versäumt wurde. Das Neue wurde zwar gesehen, doch seine politische Institutionalisierung und damit Festigung in den bereits vorhandenen Rahmen gepresst, der sich ökonomischen Kategorien zu unterwerfen hatte. Die für viele Völker soeben nach Jahrzehnten der Un-

---

[*] Arendt, *Freiheit*, S. 38.

terdrückung erfahrbare »Freiheit, frei zu sein« wurde schnell als gefährlicher Rausch denunziert. Und das aus einer Perspektive, die vorgab, dass es »nur« der Osten war, der etwas zu lernen hatte, nicht aber der sich gleich gebliebene Westen. Jener hatte aus der eigenen Geschichte zudem ein Argument vorbereitet, das er sofort Wirklichkeit werden lassen wollte: Der vermeintliche Vorrang des Ökonomischen hat in der Folge jedweden möglichen »Stolz« des »Neuanfangs« in die zerbrechliche Nüchternheit von Zahlen und Zwecken überführt.

Freiheit wurde auf diese Weise zu jener negativen Freiheit, die Arendt analysiert hatte: weil Freiheit bislang lediglich in Abgrenzung von den überkommenen Machtverhältnissen definiert wurde. Da war es nur konsequent, dem noch immer nicht von allen Staaten ratifizierten »Vertrag über die Verfassung von Europa« vom 29. Oktober 2004 zwar die Ideale der Französischen Revolution, ja sogar ein umstrittenes Thukydides-Zitat über die Verfassung der Demokratie einzuschreiben, um die Verwurzelung in der antiken Tradition zu dokumentieren, doch letztlich verblieb der »Vertrag« im scheinbar ungefährlichen Bereich des Symbolischen.

Wer Hannah Arendts Essay *Die Freiheit, frei zu sein* aufmerksam liest, der wird nach solchen Beobachtungen nicht resignieren, sondern das Gespür für die Möglichkeiten politischer Veränderungen schärfen können. Denn sie analysierte ja nicht nur den »Stolz« auf das »Neue«. Vielmehr orientierte sie sich an den Wechselfällen, ja Abgründen revolutionär-freiheitlicher Bestrebungen. Sie wusste sehr wohl, dass das Gelingen der Amerikanischen Revolution keine unumkehrbare Errungenschaft ist. Sie betrachtete klar und nüchtern das Scheitern räterepublikanischer Vorstellungen in Deutschland und der Sowjetunion. Illusionslos notierte sie die fatalen Irrungen, die der Moment erfolgreicher Umstürze mit sich bringt, wie die Sehnsucht nach dem Neuen tatsächlich nur die »Restauration«[*] und den Rückfall ins Alte stärker werden lässt.

Was aber Arendts Überlegungen in *Die Freiheit, frei zu sein* selbst revolutionär sein lässt und zugleich den Blick auf ihre eigentliche Bedeutung für das 21. Jahrhundert eröffnet, ist eine radikale Umkehrung. Arendt stemmte sich mit aller Kraft gegen ihr katastrophales Jahrhundert, das auf Schlachtfeldern und Vernichtungslagern ein Denken zu legitimieren schien, das entweder in Todessehnsucht verging oder alles Utopien opfern wollte.

Hannah Arendts Idee, dass mit der Geburt eines jeden Menschen, eines jeden Gedankens ein ebenso kleiner wie radikaler, jedwede historische Erfahrung und jede Form des Pessimismus widerlegender Neuanfang gemacht ist, gehört zum Unerhörtesten, was die moderne Geschichte des Denkens zu bieten hat. In *Die Freiheit, frei zu sein* zeigte sie eindringlich, dass diese

---

[*] Arendt, *Freiheit*, S. 9.

Theorie und Praxis verbindende Idee in Unruhe versetzt. Nämlich in die Unruhe, die entsteht, wenn einem das vermeintlich längst Bekannte entrissen und in eine andere Erzählung hineinversetzt wird. Sofort beginnt man, die Zitate nachzuschlagen, kommt von Thoreau auf Machiavelli, von Machiavelli zu den Wortführern der Amerikanischen und Französischen Revolution, will es von Arendt selbst genauer wissen. Und schließlich verlässt man diesen Text, bewegt sich womöglich im Unbegangenen, muss vielleicht das Risiko eingehen, ohne Geländer zu denken – Abstürze eingeschlossen. Aber das gehört zu einer Freiheit, die als Freiheit immer gefährdet ist und zugleich stets neue Möglichkeiten erschließt.

Man mag darin nicht gleich die Geburt einer neuen Sichtweise sehen, das Erringen einer Freiheit gegenüber dem oft schon Analysierten oder gar das Bedürfnis nach einer revolutionären Tat verspüren. Doch ist diese bewusst herbeigeführte Unruhe der erste und wichtige Schritt einer Einübung ins Denken. Das schließt ausdrücklich den Widerspruch zu Arendts eigenen Thesen ein.

Eine solche Einübung ins Denken will der Essay *Die Freiheit, frei zu sein*, wenn er überhaupt etwas »will«, unbedingt sein. Er verweist auf Kants Wort vom »Sapere aude«, dem Mut, sich des eigenen Verstandes zu bedienen. Ein größeres und notwendigeres Risiko können wir heute nicht eingehen. Hannah Arendt hat es uns vorgemacht.

ANMERKUNGEN ZUR ÜBERSETZUNG

7 *unter den Mächten der Erde* – Das Zitat stammt aus dem einleitenden Satz der amerikanischen Unabhängigkeitserklärung.

11 *Denn ein solches Phänomen* – Immanuel Kant, »Streit der Fakultäten«, in *Kant. Gesammelte Schriften,* Bd. 7, Reimer 1917, S. 88.

11 *das Wort revolutionär* – Marquis de Condorcet, »Über die Bedeutung des Wortes revolutionär«, in *Freiheit, Revolution, Verfassung. Kleine politische Schriften,* Akademie Verlag 2010, S. 153–157.

13 *Freedom by God's blessing restored.* – Eine Wiederherstellung der Freiheit durch Gottes Segen.

13 *gegen ihre Erwartung berufen* – John Adams, »Vorwort«, in *Verteidigung der Verfassungen der Vereinigten Staaten von Amerika,* 1787/88.

13 *daß das Ziel* – Arendt hat Tocquevilles Satz bereits für *Über die Revolution* selbst aus dem Französischen übersetzt. Dort gibt sie als Grundlage folgende Ausgabe an: Alexis de Tocqueville, *Oeuvres Complètes,* Bd. 2, Gallimard 1953, S. 72.

14 *der entscheidende und schwierige Punkt* – Auf den Dollarscheinen steht tatsächlich *Novus Ordo Seclorum;* bei Vergil hingegen heißt es *Saeclorum.*

17 *Keine Revolution* – Siehe dazu auch Hannah Arendt, *Über die Revolution*, Piper 2011, S. 161.
18 *die Revolution vollzogen* – Brief von John Adams an Hezekiah Niles vom 14. Januar 1818. In *The Works of John Adams*, Bd. 10, Little, Brown and Company 1851, S. 282.
19 *in diesen Versammlungen* – Brief von John Adams an Abbé Mabyl von 1782. In *The Works of John Adams*, Bd. 5, S. 495.
20 *Die Welt* – So Saint-Just in einer Schrift über Danton. In *Oeuvres complètes de Saint-Just*, Bd. 2, Charpentier et Fasquelle 1908, S. 331.
21 *Macht strebt als einem Mittel* – John Adams, *Abhandlungen über Davila*, 1790.
23 *das offensichtlich* – Brief von Thomas Jefferson an Eliza House Trist vom 18. August 1785. In *The Writings of Thomas Jefferson*, Bd. 1, Taylor & Maury 1853, S. 394 f.
23 *so unnatürlich* – Brief von John Adams an Thomas Jefferson vom 13. Juli 1813. In *The Adams-Jefferson Letters*, University of California Press 1959, S. 355.
27 *civil Body Politick* – Dieser Begriff findet sich bei Arendt, *Über die Revolution*, S. 217 ff.
28 *Umwälzung der Staatsform* – Karl Marx, »Die Klassenkämpfe in Frankreich 1848–1850«, in *Marx-Engels-Werke* 7, Dietz Verlag 1960, S. 31 und 35.

29 *handelten spontan als Mütter* – John Emerich Edward Dalberg-Acton, *Lectures on the French Revolution*, Macmillan & Co. 1910, S. 129.

29 *Les malheureux sont la puissance de la terre* – Die Unglücklichen sind die Macht der Erde.

31 *La République?* – Die Republik? Die Monarchie? Ich kenne nur die soziale Frage.

33 *Mit dem Erdrücken* – Rosa Luxemburg, »Die russische Revolution«, in *Politische Schriften*, Bd. 3, Europäische Verlagsanstalt 1968, S. 106–141.

39 *erst an die Wahrheit* – Die Zitate stammen aus Niccolò Machiavelli, *Der Fürst*, Reclam 1984, übersetzt von Philipp Rippel, S. 45.

INHALT

Die Freiheit, frei zu sein   5

Anhang   43
  Nachwort   45
  Anmerkungen zur Übersetzung   59

Der hiermit weltweit erstmals in Druckform vorliegende Essay erschien im März 2018 unter dem Titel »The Freedom to be free« in *Thinking Without a Banister: Essays in Understanding*, Vol. 11 bei Schocken Books New York.

Deutsche Erstausgabe 2018
13. Auflage 2021
dtv Verlagsgesellschaft mbH & Co. KG, München
© by The Hannah Arendt Bluecher Literary Trust
© der deutschsprachigen Ausgabe:
2018 dtv Verlagsgesellschaft mbH & Co. KG, München
Umschlaggestaltung: Katharina Netolitzky/dtv
Gesetzt aus der Stempel Garamond und der Gill Sans
Satz: Katrin Uplegger, dtv
Druck und Bindung: Druckerei C. H. Beck, Nördlingen
Printed in Germany · ISBN 978-3-423-14651-7